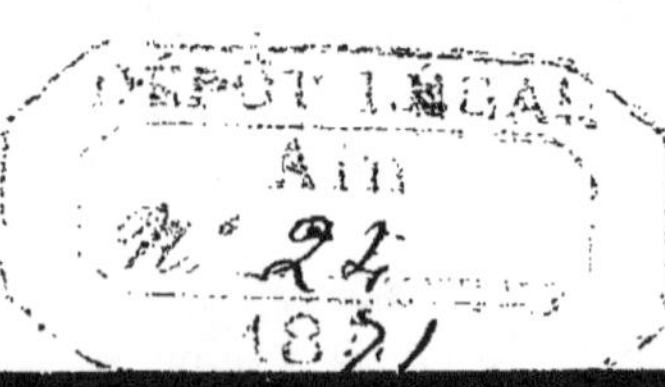

À LA MÉMOIRE

DES GARDES MOBILES

DU 4me BATAILLON DE L'AIN

MORTS A PARIS PENDANT LE SIÉGE

1870-1871

Ph. B.

Aumônier du 4me bataillon de l'Ain.

A LA MÉMOIRE

DES GARDES MOBILES

DU 4me BATAILLON DE L'AIN

MORTS A PARIS PENDANT LE SIÉGE

1870-1871

Ph. B.

Aumônier du 4me bataillon de l'Ain.

Trévoux, typ. DAMOUR.

ALLOCUTION

PRONONCÉE AU SERVICE FUNÈBRE CÉLÉBRÉ
DANS L'ÉGLISE DE TRÉVOUX

Le Mardi 18 Avril 1871.

> *Ego sum ressurectio et vita.*
> Je suis la résurrection et la vie
> JOAN, II, 25.

MESSIEURS,

Elles sortent dè la bouche même de Jésus-Christ, ces consolantes paroles ; l'homme ne pouvait les dire, car, dans sa bouche, elles n'eussent été que l'écho d'une insigne folie. Eh bien ! ces paroles, je vous les apporte au milieu de cette triste cérémonie, je vous les apporte en face de cette funèbre représentation de nos chers défunts, parce qu'elles sont pleines de consolations et d'espérances pour nos cœurs affligés.

En effet, Messieurs, nous ne le savons que trop, ce drap mortuaire cache tous nos tristes souvenirs, les deuils des familles, les larmes des mères et des épouses, et jusqu'à la France, si la France pouvait mourir.

Et cependant, en face de toutes ces douleurs, de tous ces deuils, de toutes ces larmes, de toutes ces angoisses, je tiens à répéter la parole de notre Sauveur : *Ego sum resurrectio et vita ;* je suis la résurrection et la vie.

Vous avez voulu, Messieurs, honorer dans leur mort ceux que vous aviez aimés pendant leur vie ; vous avez voulu mêler vos larmes à celles des familles et confondre, devant cette sainte égalité de la mort, vos douleurs et vos espérances. Au nom de nos chers défunts, merci ! La garde nationale et la population de cette cité se sont unies pour offrir à leur mémoire un hommage sympathique, je les en remercie !

Tous tant que nous sommes ici, mes Frères,

consolons-nous, oui, consolons-nous, car nous pleurons des martyrs. Qu'est-ce autre chose, en effet, que le martyre, sinon l'accomplissement du devoir jusqu'à la mort ? La religion, la patrie, la charité, la famille elle-même comptent des martyrs : Dieu ménage aux uns et aux autres, dans l'éternel séjour de sa gloire, d'immortelles couronnes.

Ils sont de ce nombre, ceux que nous pleurons aujourd'hui. Voyez ce jeune homme, il était heureux et fortuné, l'ornement et l'espérance de sa famille, le bonheur de ses amis : il a entendu la voix de la patrie menacée, aussitôt il quitte tout et vient lui offrir son bras, son cœur, sa vie ; il meurt, et il meurt avant d'avoir pu verser son sang pour elle ; vous reconnaissez là notre cher et regretté Alphonse de Surigny (1). Eh bien ! consolons-nous, c'est un martyr.

____

(1) La liste de tous ces braves jeunes gens qui donnèrent leur vie pour la France, pendant cette longue et malheureuse campagne, serait

D'autres encore ont été appelés : ils ont quitté leurs paisibles travaux pour la vie agitée des camps, ils sont novices dans le rude métier des armes, et déjà on leur demande les services des vieux soldats ; depuis un mois à peine ils tiennent un fusil, et les voilà en face de l'ennemi. Au lieu de la douce vie de famille, la faim, le froid et des privations de tous genres ; les uns meurent des suites de leurs blessures, les autres victimes d'une cruelle épidémie, loin de leurs mères, souvent loin de leurs amis ; encore une fois, mes Frères, consolons-nous, ce sont des martyrs.

« Je suis la résurrection et la vie, » disait le Sauveur, et il ajoutait tout aussitôt : « Celui qui croit en moi, vivra : *Qui credit in me, vivet.* » Oui, ces chers jeunes gens ont cru ; j'ai été souvent l'heureux confident de leur foi ; mais

---

longue ; pour le département de l'Ain, les noms de MM. de Boissieu, de Varambon, Douglas, de Montréal, Garin, de Belley, resteront dans la mémoire de tous, comme un triste et glorieux souvenir.

la France, la France tant humiliée aujourd'hui,
la France ne voulait pas croire en Jésus-Christ.
Sa foi, sa vieille foi semblait se perdre au milieu des progrès de l'esprit humain. En échange
des solides enseignements de la foi, depuis
plus d'un demi-siècle, elle a accepté toutes les
utopies, relevé et renversé ses gouvernements,
modifié ses constitutions, sans pouvoir trouver,
ni dans la paix, ni dans la guerre, une gloire
durable. Pendant ce siècle, si fier de ses progrès, on a inventé et perfectionné les chemins
de fer, les télégraphes ; on a ouvert les flancs
des montagnes, détourné le cours des fleuves,
forcé la mer à recevoir dans ses profondeurs
les fils conducteurs de la pensée humaine ; et
puis on a cru à la puissance de la seule raison
de l'homme, on a écarté Dieu comme un être
inutile ou incommode...... L'heure du danger a
sonné, et pas un homme de valeur, pas un gé-
néral de génie pour conduire nos armées : des
nullités galonnées ; aussi, même avec des sol-

dats courageux, des désastres inouïs ; la France, si belle, si grande, devient en quelques mois la risée des nations.

Au milieu de si grands malheurs, devons-nous désespérer? Bien loin de nous la pensée du désespoir, elle donnerait à l'anarchie une nouvelle audace. Il faut nous relever ; la civilisation moderne devra enfin reconnaître qu'elle a fait fausse route. Elle s'est étudiée trop souvent, et dans ses inventions, et dans ses œuvres, et surtout dans l'instruction de la jeunesse, à repousser Dieu ; à nous, Messieurs, de le rappeler.

Oui, la Société doit se réorganiser ; or, à mon avis, un des premiers éléments de cette réorganisation si désirable et malheureusement si peu désirée, ce sera le respect de la *liberté* de tous. Ne vous effrayez pas, Messieurs, si je prononce ici ce mot de liberté ; celle que je demande est la condition de toutes les autres : c'est la liberté du bien. Je demande la liberté de croire en Jésus-Christ et de l'affirmer en face de tant d'autres qui le renient. Je demande qu'on laisse au petit, au faible, à la femme, à l'enfant, la liberté de pratiquer ce qu'ils croient, et cette liberté, je demande surtout qu'elle soit respectée. A cette condition, la France se relèvera, parce qu'elle retrouvera cette source de vie que, depuis plus d'un demi-siècle on cherche à lui ravir : la foi. *Qui credit in me etiamsi mortuus fuerit, vivet.*

L'histoire est là pour l'attester, Messieurs, notre France a été entée sur le catholicisme; sur le grand arbre de la religion elle est devenue un rameau puissant, ce sera son éternelle gloire; eh bien! cette gloire qui nous est si chère, elle s'est obscurcie; à nous, Messieurs, à vous, aussi chrétiens que braves, à vous de la faire revivre. Considérez cette pauvre France, tantôt foulée par le talon de la botte d'un vainqueur implacable, tantôt déchirée par ses propres enfants; voyez-la enveloppée d'un long manteau de deuil, semblable à Rachel, elle pleure le jour et la nuit sur ses enfants morts dans la lutte ou traînés en captivité ; *Plurans ploravit nocte, quia non sunt.*

Vous la consolerez, Messieurs ; le sang des martyrs, disait un de nos illustres apologistes, était une semence de chrétiens : *sanguis martyrum semen christianorum ;* le sang de nos braves sera une semence de Français, mais de vrais Français. Pour cela, je vous le disais il y a cinq jours, restez tels que je vous ai connus, à savoir des hommes, oui des hommes, en ce temps où ils deviennent si rares.

L'heure de la séparation va définitivement sonner ; après ce suprême adieu à nos chers défunts, chacun de nous ira reprendre, dans la société, sa place marquée par la Providence : vous, Messieurs, dans le monde, où votre valeur et vos sacrifices vous ont acquis une influence dont vous saurez user pour la religion et la patrie ; moi, au milieu du troupeau que le

Seigneur a confié à ma garde. Mais avant de nous séparer, Messieurs, laissez-moi vous remercier ; grâce à vous, ces six longs mois de campagne ont été, pour votre aumônier, remplis de consolations ; merci à vous, soldats, qui m'avez donné si souvent le consolant spectacle d'une foi vive et d'un courage capable des plus grands sacrifices.

Je l'espère avec vous tous, Messieurs, l'heure de la revanche viendra ; oui, vous vengerez nos morts, vous vengerez la France...... Si cette heure devait sonner bientôt, laissez-moi vous demander, comme un témoignage de nos bons souvenirs, la faveur de partager encore une fois vos dangers.

Et maintenant, Seigneur, après tant de douleurs, accordez-nous une dernière grâce : daignez recevoir dans les éternelles félicités du Ciel les âmes de ces enfants, nos amis et nos frères ; donnez à ceux qui leur survivent la grâce de faire leur devoir jusqu'à leur dernier soupir, afin de partager un jour leur gloire.

Ainsi soit-il.

Les officiers et l'aumônier du 4me bataillon de l'Ain considèrent comme un devoir de signaler à la reconnaissance des familles l'ambulance des religieuses de la Mère de Dieu, rue Picpus, 45. Les religieuses de Saint-Joseph, rue Montceau, religieuses originaires pour la plupart du département de l'Ain, ont également prodigué à leurs compatriotes les soins les plus intelligents et les plus assidus.

Trévoux, typ. Damour.